Schirner Verlag

Michael Dietz

Vegane KANNIBALEN

GESUND & GLÜCKLICH mit pflanzlichen Proteinen

Schirner Verlag

ISBN 978-3-8434-1301-5

Michael Dietz:
Vegane Kannibalen
Gesund und glücklich mit pflanzlichen Proteinen

Umschlag: Simone Fleck, Schirner, unter Verwendung von #469604879 (© STILLFX), #364497818 (© Maria Lozovska), #313197692 (© RedlineVector), #98500391 (© HitToon), #64922446 (© Kerstin Schoene) und #526406446 (© Elegant Solution), www.shutterstock.com
Layout: Simone Fleck, Schirner
Lektorat: Bastian Rittinghaus, Schirner
Printed by: Ren Medien GmbH, Germany

www.schirner.com

1. Auflage September 2017

Inhalt

Einleitung

Immer wieder schleichen sie sich ein: Fleischeslust, Käsesucht und Heißhunger auf Süßes.

Doch was will uns unser Körper damit sagen?

Er verlangt nach Eiweiß. Täglich müssen wir unseren Bedarf decken. In einer Welt voller Dönerläden und Wurstbuden zieht es uns dann schnell zu tierischen Produkten. Gerade für Veganer werden diese Momente zum Gewissenstest. Damit Sie sich ohne Frust pflanzlich ernähren können, brauchen Sie Know-how und praktische Tipps für den Alltag.

Übrigens gelingt überhaupt erst dann eine vegetarische oder vegane Ernährungsform, die auch gesund ist, mit der man nicht »übersäuert«.

Natürlich finden wir in unseren Artgenossen – Schwein, Rind, Huhn … – Eiweiße, die wir gut verwerten können. Leider hat diese »kannibalische« Ernährung aber jede Menge ethische und gesundheitliche Nachteile, weswegen es sehr schlau ist, zu gucken, wo wir sonst noch Eiweiß finden.

Wir sind alle auf eine bestimmte Weise konditioniert und wiederholen oftmals unser Leben lang die gleichen Ernährungsmuster, die auch immer mit Emotionen verknüpft sind. Bestimmte Gerichte wecken Erinnerungen und geben uns so das Gefühl von Vertrautheit, Geborgenheit und Stabilität. Da in unserer Elterngeneration vegetarische oder gar vegane Ernährung noch nicht weit verbreitet war, dürften das bei den meisten Fleischgerichte sein. Leider kann der Preis für diese antrainierten Muster auf Dauer ziemlich hoch werden, denn der viel zu häufige Konsum von minderwertigen tierischen Eiweißen ist für unser Biosystem belastend.

Aber es gibt Möglichkeiten, sich auf intelligente Weise mit den bestmöglichen pflanzlichen Eiweißen zu versorgen. Dabei darf es ruhig herzhaft und rustikal zugehen, sodass wir unsere Ernährungsmuster aus Kindheitstagen erfüllen und uns keinen gedünsteten Fenchel reinquälen, wenn wir eigentlich Bock auf einen Burger haben. Das ist Teil unserer Natur und unserer menschlichen Entwicklung. »Kannibalisch« eben, aber in schlau.

Es ist an der Zeit, dass vegan und vegetarisch lebende Menschen aus der Rechtfertigungsdiskussion aussteigen. Sie sollten den Spieß aber auch nicht umdrehen und alle Menschen, die davon nichts hören wollen, mit Weltverbesserungsthemen nerven. Jeder tut das, was er für richtig hält. Sie werden keinen Menschen über die Verstandesebene von einer anderen Ernährungsform überzeugen. Die biochemisch und emotional erzeugten Glücksgefühle beim Essen sind viel stärker als alle noch so richtigen Argumente. Der Druck, der durch Belehrungen aufgebaut wird, erzeugt oft eher Trotz. Lassen Sie einfach alle sein, wie sie sind, und machen Sie Ihr Ding. Dass Sie sich mit einer intelligenten energetischen Wohlfühlnahrung automatisch besser fühlen, ist Belohnung genug.

Die Diskussionen darüber, warum eine vegane Wurst denn »Wurst« heißen muss und versucht wird, dem »Original« vom Geschmack her möglichst nahezukommen, halte ich für genauso überflüssig. Ich antworte darauf immer: Weil's schmeckt und weil die Natur nur ein paar wenige geometrische Figuren im Angebot hat, die als Formen für Lebensmittel taugen. Die Fleischindustrie hat darauf kein Patent, aber wem es Spaß macht, kann gern Tofudreiecke oder Seitankringel modellieren.

Unser TÄGLICHES Eiweiß

Ohne Eiweiß in unserem Speiseplan läuft nichts.

Wir brauchen es täglich, denn es ist an zahlreichen lebensnotwendigen Prozessen beteiligt.

Viele Menschen wollen heute, aus unterschiedlichen Gründen, vegetarisch oder vegan leben. Doch allein das Weglassen von tierischen Produkten macht die Ernährung nicht automatisch zu etwas Gesundem. Eiweiße bestehen aus Aminosäuren, die der Körper nach Bedarf zusammensetzen kann. Während in Fleisch alle Aminosäuren enthalten sind, finden sich in pflanzlichen Lebensmitteln immer nur einige. Werden aber auf Dauer bestimmte Aminosäuren nicht aufgenommen, kann das zu großen gesundheitlichen Problemen führen.

Um ohne tierische Eiweiße auszukommen, muss man einiges richtig machen, sonst geht es über kurz oder lang schief. Denn nur, wenn alle Aminosäuren gleichzeitig und in ausreichender Menge zur Verfügung stehen, sind wir körperlich und geistig leistungsfähig und besitzen ein starkes Abwehrsystem.

Hunderttausende verschiedene Eiweiße sind in unserem Körper aktiv und bilden die Grundlage aller möglichen Lebensvorgänge. Viel zu viele, um sie über die Nahrung aufzunehmen. Deswegen zerlegt der Körper Eiweiße zunächst in Aminosäuren, von denen es nur 21 verschiedene gibt, um daraus erneut alle Eiweiße zusammenzubauen, die er benötigt.

Stress ist für die meisten Menschen heute relativ normal. Im Stressmodus verbraucht der Körper allerdings große Mengen an Proteinen. In Gefahrensituationen kann unser System zum Beispiel innerhalb von Minuten Milliarden von Immunzellen bilden – die aus Eiweiß bestehen, weswegen die Vorräte dann wieder aufgefüllt werden müssen. Befindet sich der Körper aufgrund des ständigen Stresses jedoch beständig im Gefahrenmodus, kommt es früher oder später zu einem Defizit, und der Reperations- bzw. Regenerationszyklus kann nicht mehr vollständig ausgeführt werden. In der Folge treten Degenerationserscheinungen und vorzeitige Alterungsprozesse auf.

Es gibt also zwei Gruppen von Menschen, für die die Eiweißversorgung eine gesundheitliche Herausforderung darstellt: Fleisch- und Milchproduktekonsumenten, die sich einem Überangebot von oft minderwertigem, belastetem und degeneriertem Eiweiß aussetzen, und Vegetarier, Veganer, Fruktarier, die auf Dauer unter Mangelerscheinungen leiden. Für beide ist der richtige Umgang mit pflanzlichen Eiweißen essenziell.

Eiweißmast – zu viel und zu schlecht

Der tägliche Verzehr von tierischen Eiweißen in Wurst, Schinken, Fleisch und Milchprodukten ist uns nur allzu vertraut. In unserer westlichen Überflussgesellschaft ist das völlig normal, und wir machen uns gar keine Gedanken darüber, wo das alles herkommt. Das war nicht immer so. Das Wort »Sonntagsbraten« deutet schon an, dass regelmäßiger Fleischverzehr früher meist den wohlhabenderen Schichten vorbehalten war, für die meisten gab es das höchstens einmal pro Woche. Reichtum wurde immer auch durch Fleischkonsum zum Ausdruck gebracht, speziell im 19. Jahrhundert, als mit dem Bürgertum eine Schicht entstand, die nicht in ein bestimmtes Milieu hineingeboren wurde, sondern sozial aufsteigen konnte. Hatte man es geschafft, wollte man das auch zeigen – durch reichlich Fleisch auf dem Teller.

Aus dieser Ecke stammt die »gutbürgerliche« Küche, in der Gemüse eine höchstens untergeordnete Rolle spielt. So ist das auch noch heute: Der Fleischkonsum steigt immer dort, wo bestimmte Bevölkerungsschichten z.B. in Schwellenländern einen Schritt in größere Prosperität machen. Die für uns schon normal gewordenen Zivilisationskrankheiten wie Rheuma, Gicht, Arteriosklerose, Osteoporose und Krebs treten dann auch dort vermehrt auf. Herzkrankheiten hatten auch die Pharaonen im alten Ägypten, während sie unter der normalen Bevölkerung kaum auftraten. Gesellschaften, die sich ihren traditionellen Ernährungsstil zumindest teilweise bewahren konnten, wie z.B. die Japaner, haben unter den Wirtschaftsnationen auch die wenigsten Zivilisationskrankheiten.

Die Dichte an Wurstbuden und Dönerläden zeugt eindrucksvoll von unserer Eiweißgier. Doch proportional zum quantitativen Verbrauch hat sich die Qualität dessen, was da feilgeboten wird, enorm verschlechtert.

Warum Eiweiß so wichtig ist

Unser Körper besteht zu rund 20 % aus Eiweißen. Sie bilden die Basis der Organe, Gewebe, Muskeln, Haut und Haare. Enzyme und Hormone bestehen ebenfalls aus Eiweißen. Unseren Zellen verleihen Eiweiße die notwendige Struktur. Außerdem wird Eiweiß von den Körperzellen benötigt, um den genetischen Code zu reparieren und somit zu regenerieren. Nur bei guter Eiweißversorgung können Mitochondrien, die Kraftwerke in unseren Zellen, Energie produzieren.

Für die Energiegewinnung an sich brauchen wir die langsam verbrennenden Kohlenhydrate z.B. aus Hirse, Buchweizen, Amarant,

Von den 21 Aminosäuren kann unser Körper 13 selbst zusammenbauen, diese sind nicht-essenziell.

Die restlichen 8 essenziellen Aminosäuren müssen wir über die Nahrung aufnehmen.

Vollreis, Wurzelgemüse und grünem Gemüse. Wenn diese fehlen, greifen die Zellkraftwerke auch auf Eiweiße zurück. Diese sind für den Prozess jedoch einfach weniger geeignet und hinterlassen zudem Spuren, die auf Dauer den Zustand der Mitochondrien beeinträchtigen.

Da der menschliche Körper kaum in der Lage ist, Eiweiße zu speichern, müssen wir sie täglich zu uns nehmen – am besten frisch und in bester Qualität. Unser Verdauungssystem zerlegt sie dann zunächst in ihre Bestandteile, die Aminosäuren, um anschließend neue Proteine daraus zusammenzusetzen. Dieser Prozess wird im Fachjargon als Proteinbiosynthese bezeichnet. Über das Blut gelangen die Aminosäuren genau dorthin, wo unser Körper sie gerade braucht. Am Zielort findet sich ein Bauplan, der genetische Code, nach dem das benötigte Körpereiweiß zusammengesetzt wird.

Fehlende Eiweißbausteine beschafft sich der Körper, indem er an anderer Stelle Eiweiß abbaut, z. B. aus Muskelmasse. Steht uns aber aufgrund einer

Mangelversorgung oder eines Überangebots von degenerierten tierischen Eiweißen nicht der komplette Aminosäure-Pool zur Verfügung, geht es mit der körperlichen Vitalität und Regenerationsfähigkeit bergab. Es ist also von elementarer Bedeutung, dass unserem Körper zu jeder Zeit das vollständige Aminosäurespektrum zur Verfügung steht.

Im menschlichen Organismus sind üblicherweise bei einem erwachsenen Mann 120 bis 130 Gramm freie Aminosäuren verfügbar. Drei- bis viermal täglich wird der gesamte Aminosäure-Pool umgesetzt – also »ausgetauscht«. Die Depots müssen daher immer wieder gefüllt werden. Es gibt 21 verschiedene Aminosäuren, die vergleichbar sind mit einem Alphabet, über das unsere Zellen kommunizieren, indem sie »Eiweißwörter« daraus schreiben. Auf diese Weise wird der jeweilige Bauplan der Natur weitergegeben, sodass ein lebendiges Wesen wie ein Mensch, ein Tier, eine Pflanze oder ein Mikroorganismus entstehen kann.

Warum NICHT Fleisch?

Ob ein Eiweiß nun als gut oder weniger gut anzusehen ist, wurde seit dem 19. Jahrhundert darüber definiert, wie stark ein Mensch von ihm zunimmt. Bei Eiern oder Fleisch z. B. spricht man von »hochwertigem Eiweiß«, weil der Körper aus diesen sehr schnell die für ihn notwendigen Aminosäuren herstellen kann. Es verhält sich ähnlich wie beim Zucker: Die »schnellen« Kohlenhydrate wie Traubenzucker verbrennen rasant und liefern direkt Energie, bedeuten aber Stress für unsere Organe und sind zudem vom pH-Wert relativ sauer. Wir liefern unserem System also viel Hitze und Energie, wenn wir tierische Eiweiße essen – und genau das ist auf Dauer und regelmäßig eine Überforderung für den Körper. Denn dieser macht daraus sehr schnell wieder eigenes Eiweiß, während die Aminosäurendepots aufgrund des Überflusses bereits voll sind. Unser Organismus baut die Aminosäuren daher ab, indem er diese in Zucker verwandelt, der dann entweder (in den selteneren Fällen) verbrannt wird oder aber in Cholesterin und Triglyceride umgesetzt wird. Letztere werden in den Fettdepots eingelagert. In Regionen, in denen sich der Fleischverzehr potenziert, nimmt auch die Fettleibigkeit immer mehr zu. In den Ballungsräumen Chinas sieht man inzwischen zunehmend dicke Kinder, was dort noch vor ein paar Jahrzehnten die absolute Ausnahme war.

Mit dem Cholesterin stehen dem Köper viele Bausteine zur Hormonbildung zur Verfügung, zusätzlich zu den im Fleisch aus Massentierhaltung ohnehin enthaltenen Hormonen, die den Tieren für schnelleres Muskelwachstum verabreicht werden. Dies führt zu einer vermehrten Produktion von Östrogen, dem weiblichen Sexualhormon, das in dieser Überdosis die Entstehung von Brustkrebs fördert, und von dem männlichen Sexualhormon Testosteron, das der Prostata zu schaffen macht. Das Nervensystem wird durch die erhöhte Stimulation durch Botenstoffe verwirrt. Das Cholesterin wird außerdem in den Gefäßen abgelagert und sorgt für Blut- und Chi-Stau. Damit ist der Grundstein für Herz-Kreislauf-Erkrankungen, die Todesursache Nr. 1 in Deutschland, gelegt.

Fleisch und Wurst enhalten besonders viele Purine, die im Körper zu Harnsäure abgebaut und über die Nieren ausgeschieden werden. Durch einen übermäßigen Verzehr sind die Nieren schnell überfordert, und es kommt zu Ablagerungen von Harnsäurekristallen in den Gelenken, was allgemein unter dem Begriff »Gicht« bekannt ist. War Gicht früher einmal eine Krankheit der Wohlhabenden, ist sie heute in allen Bevölkerungsschichten verbreitet. Interessanterweise gab es während und nach den Weltkriegen so gut wie keine Gichtfälle, erst in den 70er-Jahren erkrankten wieder 20 Mal mehr Menschen daran. Die Hungerjahre waren vorbei, und man feierte den neugewonnenen Wohlstand mit Fleisch. Da Männer gewöhnlich öfter zugreifen als Frauen, sind diese auch 10 Mal häufiger von Gicht betroffen.

Ein weiteres Gesundheitsrisiko bei Fleisch sind die enthaltenen Toxine. Durch den Verwesungsprozess entstehen, abhänig von der Temperatur, relativ schnell hochtoxische Stoffe wie Cadaverin und Putrescin, die über Magen und Darm vom Organismus aufgenommen werden und die Darmflora und somit unser Immunsystem massiv belasten.

Von der Arachidonsäure, einer Fettsäure, bekommt der normale Fleischesser schnell eine Überdosis. Zwar ist sie ein wichtiger Bestandteil der Zellwände, der Tagesbedarf liegt aber bei nur 0,1 mg pro Tag. Bei einem »normalen« Fleischverzehr muss unser Körper mit 200–400 mg täglich umgehen, und das führt zu vielfältigen entzündlichen Prozessen wie Neurodermitis, Rheuma und Allergien.

Wie stark Fleischkonsum und Krankheitsentstehung zusammenhängen, macht die bekannte »China Study« eindrucksvoll deutlich, die größte Studie aller Zeiten, die zudem nicht industriefinanziert ist. Die Beobachtungen wurden über viele Jahre und mit Millionen von Menschen durchgeführt. Ihr zufolge ist in Regionen mit traditioneller Lebensweise die Rate von Krebs- und Herz-Kreislauf-Erkrankungen signifikant niedriger als in den Ballungsräumen. Traditionelle Lebensweise heißt für die Ernährung saisonale, regionale, wenig industriell verarbeitete Produkte, keine Milch, dafür viel Getreide, Hülsenfrüchte, Gemüse und Obst. Im Durchschnitt waren nur 10 % der konsumierten Lebensmittel tierischen Ursprungs. Dazu kommen natürlich deutlich mehr Bewegung und weniger Stress.

Der Rattenschwanz der Fleischproduktion

Der Fleischkonsum hat sich in den Industrieländern exponentiell gesteigert, ausgehend vom sogenannten Wirtschaftswunder, bei dem Fleisch Symbol für Wohlstand war. Das zieht einen Rattenschwanz an ökologischen Bedenklichkeiten nach sich wie Monokulturen, Wasserverschwendung, Massentierhaltung usw. Doch auch, wer sich nicht für seine Umwelt interessiert, ist von den Folgen direkt betroffen: Unser Fleisch ist mit dem Fleisch, das unsere Vorfahren auf dem Teller hatten, nicht mehr zu vergleichen. Vor hundert Jahren kannten die Tiere noch grüne Wiesen, auf denen eine Vielfalt an Kräutern und frischem Chlorophyll vorhanden waren. An deren Stelle ist ein Kraftfut-

termix getreten, der mit ursprünglicher Nahrung immer weniger zu tun hat. Das Tier ist zum Produkt geworden, es hat sein Recht auf eine artgerechte Haltung verloren.

Erfreulicherweise gibt es eine Trendwende zu Höfen, die einen Bezug zu ihren Tieren haben und diese anständig behandeln. Dieses Fleisch hat einen höheren Preis, der nur allzu gerechtfertigt ist, denn all die Schnitzel in den Fleischtheken der Supermärkte können nur aufgrund miserabler Zustände in der Tierhaltung und Fleischproduktion sowie Subventionsmitteln in Milliardenhöhe so spottbillig verkauft werden.

Der dauerhafte Verzehr von minderwertigem Fleisch, das ca. 90 % des Angebots ausmacht, hat noch ein paar weitere Effekte. Er macht nicht nur korpulent, sondern auch träge, dumpf und je nach Veranlagung ängstlich oder aggressiv. Denn die panischen Todesängste, die die Tiere in den Schlachtfabriken ausstehen, wandern in Form von Stresshormonen direkt ins Fleisch und damit in den Organismus des Essers.

Dass Tiere ebenso fühlende Wesen sind wie wir, ist bei vielen Menschen inzwischen angekommen. Mein Wunsch an alle, die dennoch nicht auf Fleisch verzichten möchten: Achten Sie beim Einkauf auf allerbeste Qualität! Durch den höheren Preis reduziert sich der Fleischkonsum von ganz allein, und Sie messen dem Fleisch einen höheren Wert bei. Dadurch zollen Sie der Natur Respekt. Das Tier, das richtige Nahrung essen durfte, hat logischerweise auch ein viel besseres

Fleisch auf den Rippen, und somit sind die negativen Folgen für Ihre Gesundheit um einiges vermindert.

Gesund wird ein Steak auch so nicht, denn nur 10 % davon sind körperverwertbares Eiweiß, die übrigen 90 % Transportmüll, der viele Tage als toter Kadaver durch den Darm wandert und seine Spuren hinterlässt. Zu allem Überfluss haben wir noch nicht einmal einen Fleischesserdarm. Mit seinen 7 Metern Länge gehört er eindeutig zur Pflanzenesserfamilie.

Das heißt nicht, dass Sie darauf verzichten müssen, Sie sollten aber im Bilde darüber sein, was mit der Nahrung im Körper geschieht und was nicht.

Wenn ein Rudel Löwen eine Gazelle zum Mittagessen hatte, bewegt es sich für Tage nicht mehr aus dem Schatten.

Übrigens ist der erste Happen für den Löwenchef nicht das T-Bone-Steak aus der Hüfte, sondern der mit Chorophyll gefüllte Magen!

Mythos MILCH

Fragen Sie mal einen Bauern, sofern Sie einen kennen, ob er noch in der Lage ist, aus der Milch seiner Kühe Buttermilch herzustellen. Die Antwort lautet in aller Regel Nein.

Wie kann das sein, und woher kommt dann das ganze Zeug in der Kühltheke?

Buttermilch kann nur aus Milch von Kühen erzeugt werden, die ausreichend frisches Grün gegessen haben. Denn nur dadurch weist sie einen ausreichend hohen pH-Wert auf. In der Massentierhaltung ist dies nicht mehr gegeben, der pH-Wert geht in den Keller. Dies ist nur ein Beispiel dafür, wie eine Einflussnahme auf natürliche Verhaltensweisen chemische Zusammenhänge verändert und gute, traditionelle Produkte unmöglich macht. Freilich ist die Lebensmittelindustrie clever genug, Buttermilch chemisch nachzubauen und mit Gesundheitsversprechen zu vermarkten. Die hat aber leider mit dem eigentlichen Produkt nur noch wenig gemein.

Reifezeit ist für gewisse Lebensmittel unbedingt notwendig, sie können nicht im industriellen Schnellverfahren zusammengebastelt werden. Die durch Fermentation entstehenden Mikrobakterien lassen Buttermilch, Sauerkraut etc. zu hochwertigen Lebensmitteln werden und sind genau die Bestandteile, die uns heute oft im Darm fehlen. Sie sorgen dort für den richtigen pH-Wert von ca. 7 und ermöglichen so eine umfassende Auswertung der ankommenden Nahrung. Fehlen diese sogenannten rechtsdrehenden Milchsäuren, verändert sich das Bakterienniveau, und das Immunsystem, das zu 90 % im Darm sitzt, wird schwächer. Eindringlinge haben immer leichteres Spiel, chronische Krankheiten entstehen, und der Körper hat insgesamt weniger Widerstandskraft.

Wenn man also keine Buttermilch mehr aus der Milch herstellen kann, kann es um die Milch an sich auch nicht gut bestellt sein. Milch wird von der Mutterkuh produziert, um ihr Kälbchen zu versorgen. Die enthaltene Proteinmenge ist auf Kühe zugeschnitten und nicht auf Menschen – schon gar nicht auf Kleinkinder! Deren im Wachstum befindliche Leber kann nur unter äußerstem Energieaufwand mit dem tierischen Eiweißprofil umgehen. Häufig bilden sich bei Babys im Stirnbereich leichte Wölbungen, die eine überlastete Leber anzeigen. Ein weiterer Effekt ist die Quengeligkeit derart gemästeter Babys, die verständlicherweise ihrem Leberschmerz Raum geben.

Der weit verbreitete und von der Werbeindustrie angefeuerte Glaubenssatz, Milch sei als Lebensmittel wichtig für den Menschen, ist schon unter dem Aspekt abwegig, wie Milch hergestellt wird. Allein die Umgangsweise mit den Kühen müsste jeden fühlenden Menschen erschauern lassen: Die Euter sind derart vergrößert, dass es die Tiere schmerzt. Glauben Sie, dass ein Produkt, das unter Qualen entsteht, für Ihre Gesundheit von Vorteil sein kann?

Stellen Sie sich einmal vor, einer Menschenfrau würde über 20 Jahre hinweg durch die Verabreichung von Hormonen eine Schwangerschaft simuliert, sodass sie ständig Muttermilch produzierte. Sie bekäme Steroide und unnatürliches Essen, damit sie mehr Milch gibt, als es von Natur aus möglich wäre. Ihre Brüste wären dadurch um ein Vielfaches angeschwol-

Genau wie Stresshormone ins Fleisch wandern auch die eingesetzten Schwangerschaftshormone in die Milchprodukte und weiter in den menschlichen Körper – in für diesen unbekannten Mengen.

len, mit dicken Adern übersäht und schmerzten. Täglich würden ihre Brüste maschinell abgemolken, wodurch die Brustwarzen immer mal bluteten, damit Angehörige einer fremden Spezies ihre Muttermilch verzehren können. Ganz mieses Karma, oder?

Das Argument, Milch sei ein Kalziumspender, ist schon lange widerlegt. Da die Milch einen pH-Wert von nur 3–4 hat, muss unser Organismus die Säure mit körpereigenen Basen aus Mineralien, also Kalzium, Magnesium etc. abpuffern, um Milch überhaupt verstoffwechseln zu können. Erst danach kommt er an das darin vorhandene Kalzium heran, aber unsere Reservemineralien haben dann längst den Körper verlassen. Milch ist also kein Kalziumspender, sondern ein Kalziumräuber! Milchprodukte aller Art sollten daher für Osteoporosepatienten absolut tabu sein. Die Reservemineralien, die der Körper zur Neutralisierung aktiviert, holt er sich nämlich aus den eigenen Knochen.

Die gute Nachricht ist: Es gibt mittlerweile richtig gute Alternativen auf Pflanzenbasis, z. B. Drinks aus Mandeln, Hafer, Reis oder Buchweizen, Margarinen und sogar schmelzbaren Fake-Käse und wie Sahne aufschlagbare »Cuisine«. Dafür müssen Sie mittlerweile nicht mehr in Spezialläden oder im Onlinehandel suchen, sondern Sie finden diese Produkte in fast jedem Supermarkt.

Die Milch macht's?

Auch all die weiteren Produkte, die aus dem ganzen Milchüberschuss hergestellt werden, sind nicht besser und zum Verzehr nur im Ausnahmefall zu empfehlen. Leider werden Milchprodukte, und sei es nur Milchpulver, in zahllosen Lebensmitteln mitverarbeitet.

Noch immer glauben viele Menschen an die Vorteile des Milchkonsums. Hier wird eine knallharte Täuschung propagiert, denn der Milchmarkt ist ein riesiges Geschäft. Zum einen für die Molkereien, zum anderen aber aufgrund der Folgen auch für die Pharmaindustrie. Für mich selbst war als Kind tägliches Milchtrinken ganz normal und galt als gesund, ich war ein richtiges Milchgesicht. Nach meinem Studium der 5-Elemente-Lehre war das vorbei, auch Joghurt und Buttermilch verschwanden vom Speiseplan. Käse war für mich zum Glück nie so wichtig gewesen.

Wenn ich heute jemanden mittels der 5-Elemente-Diagnostik betrachte, sehe ich sofort, ob er regelmäßig Milchprodukte isst. Das Gesicht zeigt meist eine blass-weißliche Farbe, und unterhalb des Mundes neigen die Menschen zu rötlichen Mitessern – ein untrügliches Zeichen für feuchte Hitze im Verdauungsapparat. Meist empfehle ich dann, für 1–2 Wochen auf Milchprodukte zu verzichten. Nach dieser Zeit sind die Pickel verschwunden.

»Feuchte Hitze« ist ein Begriff aus der TCM und bezeichnet ein Symptom, über das der Körper die Schwierigkeiten beim Umwandlungsprozess zum Ausdruck bringt, wenn er mit vielen thermisch kalten Lebensmitteln und tierischen Fetten umgehen muss. Das massive Paket aus tierischem Fett und Eiweiß belastet die Leber enorm, der Verdauungsapparat, Pankraes und Milz ermüden, der Stuhl wird breiig. Es folgen Müdigkeit, Energiestagnation, Neigung zu Erkältungen und Übergewicht.

Kuhmilch ist eigentlich als Wachstumsbooster für das junge Kalb gedacht. Dieses Energieprofil ist nicht für uns Menschen zugeschnitten, es überfordert unseren Verdauungsapparat und verschleimt unser System. Der Körper sammelt das schwer verdaubare Energieangebot an, es kommt zu Übergewicht. Die Energie wird träge, das Chi versinkt im Morast. Dadurch wird das Denken neblig, und wir leiden unter Entscheidungsschwäche.

Die massive Körperfülle, die viele Menschen im westlichen »Milchkulturkreis« auszeichnet, fällt einem besonders auf, wenn man in anderen Kulturen zu Besuch war, die wenig oder keine Milch in ihrer Nahrung verwenden. Menschen mit überbordender Körperfülle sind dort die Ausnahme. Zurück in den westlichen Industrieländern dagegen wähnt man sich inmitten einer prall gemästeten Kuhherde. Milch macht auf körperlicher Ebene stark und fett und wirkt auf psychisch-emotionaler Ebene wie ein dämpfender Schutzmantel, der uns gefühlsarm macht.

Dabei ist die Geschichte des Milchtrinkens noch gar nicht so alt, wie Sie vielleicht denken. Reine Milchtierherden gibt es erst seit dem späten 19. Jahrhundert. Der Milchverbrauch, wie wir ihn heute kennen, ist in der Geschichte beispiellos. Die Milchprodukte profitieren noch von einem Image aus vergangenen Tagen, dem sie aber überhaupt nicht mehr gerecht werden.

Der Gang zum Bauern vor Ort, der unpasteurisierte Milch von glücklichen Kühen anbietet, die Futter von mineralreichen Böden gefressen haben und gänzlich ohne pharmazeutische Nahrungsergänzung und Antibiotika auskommen, ist eine romantische Vorstellung, die mit der Realität nichts mehr zu tun hat. Aber diese Welt gab es einmal, Ihre Eltern oder Großeltern können vielleicht noch davon berichten. Und ja, diese Milch hatte eine Menge Vitamine und Mineralstoffe zu bieten. Dennoch war sie auch damals für Kälbchen gedacht.

Die einfache Frage, die Sie sich stellen müssen, lautet: Sind Sie eine Kuh? Wenn Sie diese Frage mit Ja beantworten können, dann ist Kuhmilch die richtige Nahrung für Sie. Allen anderen rate ich, sich von der Muttermilch abzunabeln und auf Erwachsenennahrung umzusteigen. Tierische Milch ist Kraftfutter für Tierkinder und vom Eiweiß- und Fettprofil nicht auf den menschlichen Körper ausgelegt. Wir sind natürlich in eine Milch- und Käsegesellschaft hineingeboren worden, und viele Gewohnheiten und die damit verbundenen Emotionen haben sich tief in unsere neuronalen Bahnen geprägt. Milch vermittelt Geborgenheit, mütterliche Nähe und Wärme. Wer möchte diese Empfindungen nicht haben? Solche emotionalen Verknüpfungen sind uns in der Regel gar nicht bewusst. Doch genau darum geht es, dass Sie beim Milchkonsum aufmerksam beobachten, was er mit Ihnen, Ihrem Körper und Ihrem Geist macht. Denn in Milchprodukten steckt ein enormes Suchtpotenzial.

Käse ist SCHLIMMER als Fleisch

Wer kennt nicht die Käsesucht? Ein Stück, und schon stellen sich diverse Glücksgefühle ein. Das kann doch nicht schlecht sein, oder?

Käse ist konzentrierte Milch, aus 10 Litern Milch wird 1 Kilo Käse.

Deshalb ist die Konzentration von Casomorphin im Käse so eklatant hoch.

Der Grund für seine Unwiderstehlichkeit sind die Opiate im Käse – Morphine, die aus dem Stoff Casomorphin entstehen, der sich bildet, wenn das im Milchprodukt enthaltene Casein im Magen verdaut wird. Von der Natur ist es dazu gedacht, die Neugeborenen zu beruhigen. Es funktioniert aber auch als Schmerzmittel, das ähnliche Effekte wie Morphium auf den Körper hat und ähnlich abhängig macht. Laut einer Studie der Universität von Michigan hat Käse ein so starkes Suchtpotenzial, dass er mit Crack und Heroin mithalten kann. Casomorphin ist in der Lage, die Blut-Hirn-Schranke zu überwinden, und stimuliert bestimmte Rezeptoren im Gehirn, die uns Gefühle von mütterlichem Schutz und Geborgenheit vermitteln.

Wenn Sie also der Meinung sind, ohne Käse nicht leben zu können, ist die Ursache dafür weit umfassender als ein Geschmackserlebnis. Nämlich eine durch regelmäßigen Käsekonsum enstandene, körperlich gewordene Abhängigkeit. Kein Wunder, dass die Käsetheken in den Supermärkten so gigantisch sind. Dort kann man sich ganz legal den nächsten Kick verschaffen. Ist doch prima, werden Sie als Süchtiger jetzt sagen, doch schauen wir uns einmal die Wirkung auf Ihren Körper an …

Quark, Butter, Sahne und vor allem Käse sind nicht nur gesundheitlich bedenklich, sondern zum Teil richtig gefährlich. Weicher Streichkäse wird schon seit Längerem mit Brustkrebs in Verbindung gebracht. Ausschlaggebend sind die veränderten Eiweißstrukturen, die durch die Pasteurisierung entstehen. Alle tierischen Eiweiße, die über 42 Grad Celsius erhitzt werden, verändern ihre Struktur. Mit diesen kann der Körper nur schwer umgehen, die Eiweiße verkleben den Darm, setzen sich im Bindegewebe ab und bilden ein saures Klima. So entstehen die besten Bedingungen für Tumorwachstum.

Die Betty-Roquefort-Klinik

Ich persönlich halte nichts von radikalen Lösungen und versuche, den Weg der Mitte zu gehen. Wenn Ihr Verlangen nach Milchprodukten stark ist, beobachten Sie sich selbst, und versuchen Sie, diese durch pflanzliche Alternativen zu ersetzen. Gönnen Sie sich ab und zu Milchprodukte in hoher Qualität, z. B. einen Bio-Rohmilchkäse oder einen gereiften Ziegenkäse zu einem Sauerteigbrot mit Olivenöl und einem Glas trockenem Rotwein. Machen Sie daraus ein Event, und kehren Sie dann befriedigt zu einem ernährungstechnisch intelligenteren Alltag zurück. Sie werden den Unterschied spüren.

Eine Sache sollten Sie dabei unbedingt beachten: Kaufen Sie gereiften Käse! Je weicher und jünger ein Käse ist, desto bedenklicher ist er, und umso mehr negative Auswirkungen hat er auf Ihre Gesundheit. 4 Monate Reifezeit sind das Minimum. Kaufen Sie vorzugsweise Käse von Schaf oder Ziege. Dieser kommt in den meisten Fällen nicht aus

Massentierhaltung und hat somit auch weniger Nachteile im Gepäck als ein Kuhmilchkäse. Wenn möglich, geben Sie Rohmilchprodukten, das heißt Käse aus nicht pasteurisierter Milch, den Vorzug.

Als wenn das Gesundheitsrisiko nicht hoch genug wäre, kommt seit einigen Jahren noch die berechtigte Angst vor genmanipulierten Futtermitteln dazu. Vom Einsatz neuer Techniken erfahren wir in der Regel erst, wenn die Auswirkungen schon lange an uns getestet worden sind. Der Wissenschaftler an sich hat einen natürlichen Drang zu forschen. Fällt diese Motivation mit wirtschaftlichen Interessen zusammen, verschwinden ethische Grundsätze oftmals schnell. Die Natur ist Milliarden Jahre lang wunderbar ohne die menschliche Spezies ausgekommen und hat sich perfekt angepasst. Nun versucht sich der Mensch mit Genmanipulation an einem biologischen Relaunch, von dessen Auswirkungen er keinerlei Ahnung hat. Die US-Amerikaner, die uns stets einen Schritt voraus sind, vor allem in Sachen Dummheit, kommen schon seit vielen Jahren in den Genuss einer genveränderten Eiweißmast. Denn dort werden transgene Viehfuttermittel ohne Kennzeichnungspflicht eingesetzt. Man darf gespannt sein, mit welchen Symptomen diese neue Rasse ausgestattet sein wird.

Sollten Sie sich zu einem Milch- und Käsekonsumverzicht entschließen, werden Sie wahrscheinlich unter einer Art Entzugsprozess zu leiden haben. Nach wissenschaftlichen Erkenntnissen legen sich diese Gefühle aber nach bereits zwei bis vier Wochen Verzicht. Sie befreien sich damit von einer physischen und psychischen Sucht nach konzentriertem tierischem Fett. Die beste Nahrung ist nicht bloß eine, die uns schmeckt, sondern eine, nach deren Verzehr wir uns auch gut fühlen.

Eiweiß geht auch in Grün

Ein wichtiger Punkt, den Sie nicht außer Acht lassen sollten, ist der, dass unsere Ernährung auch unsere Bewusstseinsentwicklung fördern oder hemmen kann.

Sie nehmen mit tierischen Produkten auch deren geistige Informationen auf. Das muss nicht zwangsläufig schlecht sein, denn die beinhalten auch den Willen zum Leben und Überleben. Das kann in manchen Lebenssituationen wichtig sein. Doch durch die Haltungsweise und die maschinelle Tötung kommen in der Regel Leid und Stress hinzu. Ich persönlich glaube auch, dass wir Menschen dabei sind, über das Überlebensprinzip hinauszuwachsen, hinein in eine höhere Form des Seins.

Durch viele Proteine tierischer Herkunft werden unsere Körperflüsse – die Blutbahnen sowie das Abwassersystem der Lymphe – schwer belastet, denn sie verklumpen, und der Austausch in unserem Körper wird behindert. Informationen kommen nicht rechtzeitig oder überhaupt nicht mehr an – Blockaden entstehen. Die Kapillaren, durch die das Nahrungs-Chi fließen sollte, werden enger, dieses Netzwerk wird starrer und verkalkt. In der Folge werden wir auch psychisch-emotional steif und verlieren das Vetrauen in den Fluss des Lebens, da in uns selbst immer weniger fließt. Umso mehr setzen wir unsere Hoffnung dann auf äußere, materielle Dinge. Wir werden abhängig, haben Angst und werden leichter manipulierbar.

Doch genug jetzt von dem normalisierten Nahrungswahnsinn, der uns so in Fleisch und Blut übergegangen ist. Die Natur hat noch mehr zu bieten. Widmen wir uns also den möglichen Alternativen, ihren Vorteilen und einer Nahrung, die wirklich gesund und glücklich macht.

Pflanzliche Eiweiße sind sofort bioverfügbar, weil sie vom Körper nicht erst unter hohem Energieaufwand in die Aminosäuren zerlegt werden müssen, sondern gleich in dieser Form vorliegen. Alle essenziellen Aminosäuren werden aufgenommen, wenn man die Zutaten schlau kombiniert und abwechslungsreich isst. Dadurch sind diese Eiweißquellen zudem leichter verdaulich und werden besser verstoffwechselt. Und natürlich enthalten sie keine Zusätze von Wachstumshormonen, Antibiotika oder Süßstoffen.

Beim Verzehr von pflanzlichen Eiweißquellen werden weniger Fette mit aufgenommen, und vor allem ist die Qualität dieser Fette um ein Vielfaches besser. Während tierische Lebensmittel vor allem gesättigte Fettsäuren enthalten, kommt in Gemüse viel ungesättigte Fettsäure vor, auch die wertvolle Omega-3-Fettsäure. Die pH-Werte pflanzlicher Eiweiße sind in den meisten Fällen deutlich höher als die von Eiweißen tierischer Herkunft. Zudem enthalten Pflanzen wenig bis gar kein Purin (Harnsäure). Diese Säure führt leicht zur Übersäuerung des

Zusammenfassend kann man sagen, dass der enorme Vorteil pflanzlicher Proteine einfach der ist, dass sie nicht all die Nachteile von Proteinen tierischer Herkunft haben.

Körpers und damit zu Antriebsschwäche, Müdigkeit, Appetitlosigkeit oder Immunschwäche und spielt bei sämtlichen bekannten Zivilisationskrankheiten wie Rheuma, Gicht und Krebs eine entscheidende Rolle.

Auch wenn Sie sich jetzt frisch motiviert fühlen, Ihre Eiweißlieferanten auszutauschen, lassen Sie es langsam angehen. Kombinieren Sie erst einmal. Vielleicht reduzieren Sie tierische Eiweiße auf 2 Mal pro Woche und schauen, wie Ihnen das bekommt. Investieren Sie in bessere Qualität, und ehren Sie das Tier, das für Sie gestorben ist. Bedanken Sie sich dafür.

Sie müssen nicht zwingend vegan oder vegetarisch leben, aber gönnen Sie sich die Aussicht, dass Sie es könnten. Das Gefühl und die Energie, die sich einstellen, wenn Sie mehr pflanzliche Eiweiße zu sich nehmen, könnten Ihnen vielleicht gefallen. Viel Spaß beim Ausprobieren!

Wenn Sie aktive Unterstützung bei der Umsetzung haben möchten, besuchen Sie gern eines meiner Seminare. Aktuelle Termine finden Sie auf meiner Webseite www.kio-food.de.

Die BESTEN pflanzlichen Protein-lieferanten

HANF

Spricht man von Hanf als empfehlenswertem Lebensmittel, denken die meisten noch an Haschkekse oder Joints. Der Nutzhanf, aus dem die erhältlichen Hanfsamen und das Hanföl hergestellt werden, hat damit – für viele enttäuschend – aber nichts zu tun.

Wer es bisher nicht geschafft hat, mit pflanzlichen Eiweißen satt zu werden (das betrifft besonders häufig Männer), wer nach Linsen, Bohnen oder Erbsen immer noch Lust auf Süßes hat – sollte es mit Hanf probieren!

Hanfprodukte gleichen den Blutzuckerspiegel aus, lassen nach Krankheit schneller genesen und bauen starke Knochen und Zähne auf. Das Immunsystem wird gestärkt, das Gehirn optimal genährt, und der Hormonhaushalt wird reguliert. Die leicht verdaulichen Hanfproteine sind zu etwa 90 % verwertbar, ohne Purine und Harnstoffe zu hinterlassen.

Die Vorteile dieser Superpflanze, die zudem noch relativ anspruchslos gedeiht, sind der Industrie allerdings ein Dorn im Auge. Die Geschichte der Hanfnutzung ist lang. Als eine der ältesten Kulturpflanzen der Welt liefert Hanf Rohstoffe für Kleidung, Pflegeprodukte, Dämmmaterial im Hausbau, Papier, Futtermittel in der Tierzucht und sogar für Treibstoff. Als Lebensmittel liegt er mit 20–24 % Eiweißgehalt auf den vorderen Rängen. Das Besondere ist, dass Hanf alle Aminosäuren enthält, die wir Menschen benötigen, und das auch noch genau im richtigen Verhältnis.

HÜLSENFRÜCHTE

Auf der ganzen Welt werden vor allem Hülsenfrüchte gegessen, um den Eiweißbedarf zu decken. In vielen Kulturen sind so stark variierende Speisepläne, wie wir sie kennen, völlig unüblich. Es gibt einfach jeden Tag Reis mit Bohnen oder Linsen. Die Frage »Was essen wir morgen?« stellt sich nicht. Das macht es einfach, und verschiedene Gewürze machen das Essen abwechslungsreicher.

Erbsen, Linsen und Bohnen liefern je nach Sorte bis zu 20 g Eiweiß pro 100 g sowie viele langsam verbrennende Kohlenhydrate.

Wichtig ist die richtige Zubereitung: Nach dem Kochvorgang muss Öl hinzugefügt werden, um das Eiweiß überhaupt für uns verfügbar zu machen.

LUPINE

Die Lupine, auf Deutsch Wolfsbohne, gehört ebenfalls zur Famile der Hülsenfrüchte, wird hier aber gesondert aufgeführt, weil sie noch nicht so bekannt ist. Es gibt zwar inzwischen schon einige Produkte aus Lupine im Biohandel, z. B. Geschnetzeltes, Würstchen oder Drinks, sie führen aber doch noch ein Schattendasein.

Lupinen sind gluten- und purinfrei und nehmen mit bis zu 40 % Eiweißanteil einen Spitzenplatz im pflanzlichen Sortiment ein. Sie liefern alle 8 essenziellen Aminosäuren, dazu viele Ballaststoffe und Mineralien, z. B. Magnesium, Kalzium und Kalium.

Geschätzt wurde die Pflanze schon von Hildegard von Bingen. In Kriegszeiten wurde Lupine mit in den Brotteig gegeben, um den Eiweißgehalt zu erhöhen und somit besser satt zu machen.

SOJAPRODUKTE

Ein Thema mit Konfliktpotenzial – viele schwören auf Soja, andere verteufeln es. Ich würde sagen: Die Qualität ist ausschlaggebend und das, was man daraus macht. Letztlich haben Fleischesser meist den höchsten Konsum an Soja über den Umweg Tier – und im Futtermittel ist er in der Regel genmanipuliert. Um Gentechnik auszuschließen, sollten Sie gute Biomarken kaufen. Beim EU-Bio-Siegel dürfen im Gegensatz zu den Regeln von Demeter, Naturland und Bioland übrigens bis zu 5 % des Futtermittels gentechnisch verändert sein!

Essen Sie Tofu niemals roh, sondern bereiten Sie ihn mit Öl und Gewürzen zu. Dadurch heben Sie nicht nur den pH-Wert an, der Tofu wird überhaupt erst für den Körper verstoffwechselbar. Tempeh ist aufgrund der Fermentation die beste Form, Soja zu essen. Sojadrink und -joghurt sollten Sie nicht so häufig zu sich nehmen. Zwar sind sie unpasteurisiert und haben keine tierische Vorgeschichte, sie sind aber relativ sauer.

BUCHWEIZEN

Buchweizen ist ein glutenfreies Pseudogetreide, das bei uns früher noch viel mehr Anwendung in der Küche fand als heute. Traditionell wurden die französischen Crêpes daraus gemacht. In der russischen Küche wird es auch heute noch gern verwendet.

Der Eiweißgehalt ist mit 13 g pro 100 g nicht ganz so hoch wie bei Weizen, besteht dafür aber aus allen 8 essenziellen Aminosäuren in einem günstigeren Profil.

QUINOA

Das Urgetreide Quinoa erfreut sich zunehmender Beliebtheit. Neben einem guten Aminosäureprofil und ca. 16 g Eiweiß pro 100 g bietet es viele weitere wertvolle Nährstoffe in bedeutenden Mengen an: Vitamine, sekundäre Pflanzenstoffe, Mineralstoffe, Antioxidantien …

Als besonderes Highlight liefert Quinoa aber auch die wichtige Aminosäure Tryptophan, die besonders wichtig ist für körperliche und psychische Ausgeglichenheit.

SPIRULINA

Die Mikroalge Spirulina ist eine der ältesten Pflanzen der Welt und maßgeblich daran beteiligt gewesen, dass in der Erdatmosphäre Sauerstoff gebildet wurde. Über die Nährstoffdichte dieser Pflanzen gibt es etliche Bücher und so viele Informationen, dass ich sie hier nicht anführen möchte.

Das Wichtigste, passend zu diesem Buch: Sie enthalten alle Aminosäuren, also die 8 essenziellen und die 10 nicht-essenziellen, bei einem Eiweißgehalt von ca. 60 %. Ein echter Überlebenskünstler zum Essen!

CHIA-SAMEN

Seit einiger Zeit gibt es ja kaum noch Produkte, in denen Chia-Samen nicht verwendet werden. Aus meiner Sicht gibt es nicht das »eine« besondere Wundermittel. Als Ergänzung und in Kombination in einem vielseitigen Speiseplan ist Chia ein wertvoller Bestandteil. Rund 20 % Eiweiß und Omega-3-Fettsäuren machen ihn interessant und empfehlenswert für die vegane Küche.

SEITAN

Seitan wurde früher in japanischen Klöstern als Fleischersatz verzehrt und ist dort als »Fu« bekannt. Er besteht hauptsächlich aus Gluten,

daher ist er für Menschen mit Unverträglichkeit natürlich zu meiden. Er kommt in Sachen Konsistenz Fleisch am nächsten, und viele vegane Ersatzprodukte aus Seitan werden heute auch im konventionellen Handel angeboten. Manches ist gut, manches bedenklich, aber zu ein paar rustikalen Rezepten passt er einfach am besten.

Gute Qualität gibt es z. B. von Lima und von Bertyn. Diese Hersteller produzieren auch Seitan aus Urweizen und Dinkel, was sich definitiv auf die Verträglichkeit und Wertigkeit auswirkt.

Ich beziehe spezielle Zutaten am liebsten über den Onlineshop www.5elemente-versand.de. Sie finden die meisten aber auch im gut sortierten Bioladen.

Rezepte

Die Rezepte sind für 4 Personen kalkuliert.

Alle Zutaten sollten nach Möglichkeit in Bioqualität gewählt werden – dann können Sie vieles auch mit Schale verwenden, z. B. Karotten, Kürbis und Äpfel. Bekanntermaßen stecken darin die meisten Nährstoffe.

Ihnen wird vielleicht auffallen, dass die Gerichte sehr viel Öl enthalten. Das liegt daran, dass Eiweiß Öl braucht, um verstoffwechselt werden zu können. Als Faustregel sollten Sie immer 10 Prozent des Topfinhalts an Öl hinzufügen.

Der perfekte Energiespender
für zwischendurch!

Spirulina-Brennnessel-Drink

Zutaten:

- 5 junge Brennnesselblätter
- 1 Teelöffel Spirulinapulver

Alle Zutaten mit 50 ml Wasser in einen Mixer geben und fein pürieren.

Brennnessel ist eine fantastische Pflanze voller Mineralstoffe. Sie wächst überall, aber am besten erntet man sie im Wald, weil der Boden dort viel besser ist als auf Äckern und Feldern. Tragen Sie dazu Handschuhe, und schneiden Sie die oberen Triebe mit einer Schere ab. Zu Hause waschen Sie sie kurz heiß ab.

Wenn der kleine Hunger kommt, geben Sie ihm einfach eine drauf – mit einer schnellen Eiweißmahlzeit.

Hanfdrink

ZUTATEN:

- 2 EL Hanfsamen
- 1–2 TL Reissirup
- 1 Prise Zimt

Hanfsamen mit 200 ml Wasser im Hochleistungsmixer pürieren. (Wenn Sie nur ein einfaches Gerät haben, verwenden Sie geschälte Hanfsamen.)

Mit Reissirup und Zimt abschmecken und kalt oder warm genießen.

Variation: Hanf-Matcha Latte

Hanfdrink erwärmen und mit 30 ml Matcha verrühren.

Protein-Porridge

Der gelungene Start in den Tag mit langsamen Kohlenhydraten und wunderbaren Aminos.

Zutaten:

- 150 ml Hanfdrink
- 80 g Buchweizenflocken
- 1 kleine Prise Salz
- ½ TL Vanilleextrakt
- 1 EL Reissirup
- 2 EL Kokosflocken

Hanfdrink in einem Topf erwärmen. Buchweizenflocken hineingeben und 2 Minuten köcheln.

Mit Salz, Vanilleextrakt, Reissirup und Kokosflocken vermischen.

In eine Schale geben und z. B. mit Pflaumenkompott oder frischen Beeren genießen.

So fängt der Tag auf der Insel an. In dieser Form ohne schlechtes Gewissen oder gesundheitliche Bedenken!

British Breakfast

Zutaten:

für das Rührei

- 2 mittelgroße Zwiebeln
- 50 ml Rapskernöl
- 400 g Tofu (auch mit Kräutern oder Curry gewürzter – dann eventuell die übrigen Gewürze reduzieren)
- 300 ml Haferdrink Vanille
- ½ EL Ume-Paste
- 1 TL edelsüßes Paprikapulver
- 2 EL Kurkuma
- 1 TL Oregano
- 1 TL Basilikum
- 1 Prise Kala-Namak-Salz
- 1 EL Shoyu

für die Baked Beans

- 300 g weiße Bohnen
- 1 Zwiebel
- 1 Knoblauchzehe
- 1 EL Olivenöl
- 400 g passierte Tomaten
- 3–4 EL Tomatenmark
- 1–2 EL Reissirup
- Salz, Pfeffer

Zwiebeln in Streifen schneiden und in 2 EL Öl kräftig anbraten. Tofu zerdrücken und dazugeben. Mit Haferdrink, Ume-Paste, Gewürzen und übrigem Öl aufgießen und einreduzieren lassen, bis das Gericht eine rühreiartige Konsistenz hat. Mit Shoyu abschmecken.

Bohnen über Nacht einweichen und in reichlich Wasser gar kochen. Im Schnellkochtopf geht's auch ohne Einweichen. Alternativ nehmen Sie 2 Dosen (500 g) gekochte Bohnen.

Backofen auf 160° Celsius vorheizen. Zwiebel und Knoblauch fein hacken. Öl in einer Pfanne erhitzen und Zwiebel und Knoblauch darin glasig dünsten.

Bohnen mit passierten Tomaten in eine Auflaufform geben und vermengen. Zwiebeln und restliche Zutaten untermischen. Alles 30 Minuten backen.

Meenzer Bube, Meenzer Mädscher,
Meenzer Handkäs mit Musik,
Meenzer Fleischworscht ist net deier,
issde viel, dann werste dick! ... aber damit net!

Meenzer Spundekäs

Zutaten:

- 1 kleine Zwiebel
- 250 ml Soja-Cuisine
- 200 g Seidentofu (mit Tofu wird's etwas fester)
- 50 ml Oliven- oder Leinöl
- reichlich edelsüßes Paprikapulver
- Saft ½ Zitrone
- 1 gestrichenen EL Ume-Paste
- ca. 1 TL Salz oder Shoyu
- 1 Schuss Sojadrink
- Kümmel und Senf nach Geschmack

Zwiebel fein hacken. Alle Zutaten miteinander vermischen und am besten über Nacht durchziehen lassen.

Mit Crackern oder Dinkel-Brezelchen servieren. Der Spundekäs hält sich einige Tage im Kühlschrank.

Tofucreme »Marrakesch«

ZUTATEN:

- 400 g Tofu
- 40 g Kokosöl
- 1 Schuss Shoyu
- 1 EL Ume-Paste
- Korianderblätter nach Geschmack
- 1 EL Paprika
- 1 TL gemahlener Pfeffer
- 1 TL Kreuzkümmel
- 1 TL Zimt
- 1 TL gemahlener Ingwer
- etwas Zitronenabrieb
- etwas Apfeldicksaft

Den Tofu klein bröseln und ca. 10 Minuten dämpfen.

Abkühlen lassen und in eine Schüssel geben. Öl, Shoyu und Ume-Paste dazugeben. Koriander hacken und mit den Gewürzen zum Tofu geben.

Alles fein pürieren und mit Apfeldicksaft abschmecken. Hält sich eine Woche im Kühlschrank.

Ein einfacher Klassiker,
schnell gemacht und ideal für
unterwegs oder die Arbeit.

Hummus

Zutaten:

- 50 g Kichererbsen (alternativ 250 g Kichererbsen aus der Dose)
- 1 Knoblauchzehe
- 1 Bund glatte Petersilie
- 50 ml Olivenöl
- 3 EL Tahin
- Saft ½ Zitrone
- 1 TL Kreuzkümmel
- 1 Spritzer Mirin
- Salz und Pfeffer

Kichererbsen über Nacht einweichen und in reichlich Wasser gar kochen. Im Schnellkochtopf geht's auch ohne Einweichen. Knoblauch und Petersilie hacken.

Alle Zutaten in einen Mixer geben und fein pürieren.

Dazu passt ein frisches Dinkelbaguette.

Vegane »Leberwurst«

Zutaten:

- 200 g Räuchertofu
- 1 Dose (250 g) Kidneybohnen
- 1 kleine Zwiebel
- 3 EL Olivenöl
- 2 TL Majoran
- 1 TL Petersilie
- Salz, Pfeffer

Den Räuchertofu 10 Minuten dämpfen. Abkühlen lassen und mit den übrigen Zutaten pürieren.

Fitnesssalat

Zutaten:

für das Dressing

- 4 EL Hanföl
- 2 EL Genmai Su
- ½ EL helles Reis-Miso
- 1 TL geröstetes Sesamöl
- 1 Spritzer Balsamicoessig
- 1 Msp. Kurkuma

außerdem

- 1 Romanasalat (alternativ Eisbergsalat)
- 1 Bund Radieschen
- 200 g Lupinentempeh
- 5 EL Sesamöl
- 1 EL Apfeldicksaft
- 1 EL Shoyu
- 1 Handvoll Brokkolisprossen (alternativ andere Sprossen)
- 1 EL Zedernkerne

Für das Dressing alle Zutaten vermengen.

Salat in Streifen, Radieschen in Scheiben schneiden. Tempeh in mundgerechte Stücke schneiden und in Sesamöl anbraten, bis er goldbraun ist. Mit Apfeldicksaft und Shoyu marinieren.

Salat, Radieschen und Sprossen auf Tellern anrichten. Tempeh darauflegen und alles mit Dressing übergießen. Mit Zedernkernen garnieren.

Rote-Bete-Salat mit krossem Tempeh

Zutaten:

- 2 Rote Bete
- 1 EL Ume Su
- 2 EL Olivenöl
- 2 EL Mirin
- 200 g Tempeh
- 1 EL Teriyaki-Soße

Spiralschneider sind mal wieder ein Küchentool, das echt Spaß macht. Das Handling müssen Sie etwas üben, aber das Ergebnis kann sich sehen lassen: Die eine Hand hält mit Druck das Gemüse gegen die Schneidscheibe, die andere kurbelt. Die Spiralen können Sie als Rohkostsalat marinieren oder als Gemüsenudeln kurz in Salzwasser blanchieren. Arbeiten Sie bei der Roten Bete am besten mit Handschuhen, sonst sehen Sie hinterher aus, als hätten Sie gerade frisch geschlachtet.

Rote Bete schälen und mit dem Spiralschneider in Fäden schneiden. Ume Su, Olivenöl und Mirin verrühren und Rote Bete damit vermengen.

Tempeh in mundgerechte Stücke schneiden und kurz in Teriyaki-Soße marinieren. In 3 EL Öl scharf anbraten und den Salat damit garnieren.

Als Beilage eignen sich ein paar Süßkartoffelscheiben, entweder in der Pfanne angebraten oder im Ofen gebacken, mit Salz und Pfeffer gewürzt.

Bohnenburger

Zutaten:

- 100 g Kidneybohnen
- 1 große Zwiebel
- 5 EL Sesamöl
- 1 Karotte
- 1 Knoblauchzehe
- 2 EL Kürbiskernöl
- 1 TL schwarzer Pfeffer
- 1 TL Koriandersamen
- 1 EL Petersilie
- 1 TL Thymian
- 1 TL Salz
- ca. 60 g Dinkelmehl nach Bedarf
- 4 EL Haferflocken

Bohnen über Nacht einweichen und in reichlich Wasser gar kochen. Im Schnellkochtopf geht's auch ohne Einweichen – und mit 250 g vorgegarten Bohnen aus der Dose sogar ohne Kochen. Zwiebel klein schneiden und in etwas Sesamöl in einer heißen Pfanne anbraten, bis sie glasig sind. Haferflocken in wenig Wasser einweichen.

Karotte fein reiben. Kidneybohnen, Zwiebeln und Karotten vermengen. Knoblauch pressen und mit Kürbiskernöl, Pfeffer, Koriander, Petersilie, Thymian und Salz zu den Bohnen geben. Haferflocken unterrühren. Die Masse zerstampfen oder grob pürieren (die Masse darf ruhig noch ein paar Stückchen enthalten). Wenn sie nicht fest genug wird, mit Dinkelmehl binden.

Etwas Sesamöl in einer Pfanne erhitzen und jeweils ein Viertel der Masse mit einer Kelle hineingeben und etwas flachdrücken. Die Pattys erst von einer Seite durchbraten, dann vorsichtig wenden und von der anderen Seite anbraten.

Beim Belag des Burgers können Sie natürlich kreativ sein. Ich mache gern den Klassiker mit Senf und Ketchup, Essiggurke, Tomate und Salat, etwas Avocado passt auch.

Döner

Zutaten:

für die Soße

- 250 ml Soja-Cuisine
- 200 g Sojajoghurt
- 1–2 EL Kräuterbutter-gewürz (Petersilie, Schnittlauch, Majoran, weißer Pfeffer)
- 1–2 EL Ume Su
- 1–2 EL Mirin
- 1 EL edelsüßes Paprikapulver
- 1 EL Apfeldicksaft
- 1 TL Knoblauchpulver
- 1 Msp. rosenscharfes Paprikapulver
- 1 Prise schwarzer Pfeffer
- etwas Shiro-Miso (helles Reis-Miso)

für den Fleischersatz

- 150 g grobe Sojaschnetzel
- Salz, Pfeffer

außerdem

- Fladenbrot
- 1 Tomate
- ¼ Weißkohl oder Rotkohl
- einige Blätter Eisbergsalat

Es gibt wahrscheinlich kein Dorf mehr ohne Dönerbude. Im Sinne der gesunden Ernährung eine fragwürdige Erfolgsgeschichte. Das Wichtigste beim Döner ist allerdings die Soße, ist diese lecker, isst man alles – und will vielleicht gar nicht so genau wissen, was man in so einem Fladen schon alles verzehrt hat. Bei meiner Variante müssen Sie sich keine Gedanken machen: Die Soße ist gut, und der »Fleischersatz« ist sauber. Afiyet olsun!

Für die Soße alle Zutaten gründlich vermengen.

Für den Fleischersatz die Schnetzel 10 Minuten in etwas Wasser einweichen. Anschließend in einer Pfanne kurz scharf anbraten und mit Salz und Pfeffer würzen.

Tomate in Scheiben, Kohl in dünne Streifen schneiden. Fladenbrot vierteln, toasten und aufschneiden. Soße darin verteilen, Salat, Tomaten, Kohl und Schnetzel hineingeben. Und am Ende noch mal ordentlich Soße drüber.

Pizza

Zutaten:

- 100 g Kürbiskernmehl
- 100 g Dinkelmehl
- 1 Prise Salz
- 3 EL Olivenöl
- 1 Zwiebel
- 6 Cherrytomaten
- 5 Pfifferlinge oder Champignons
- 150 ml Tomatensoße
- 1 Bund Rucola
- ½ TL Oregano
- ½ TL Basilikum
- 6 Scheiben Mozzarellaersatz auf Reisbasis (optional)

Pizza ist immer eine der Speisen gewesen, die für mich persönlich den größten Suchtfaktor hatten. In Fachkreisen wird sie wegen der schweren Verdaubarkeit des gebackenen Weizens und des miesen Käses auch als »Tellermine« bezeichnet. In folgender Variante ist sie entschärft.

Beide Mehlsorten mit 100 ml Wasser, Salz und Öl mischen und zu einem Teig kneten. Diesen möglichst dünn ausrollen.

Backofen auf 180° Celsius vorheizen. Zwiebel, Tomaten und Pilze in dünne Scheiben schneiden. Tomatensoße auf dem Boden verstreichen. Zwiebeln, Tomaten und Pilze darauf verteilen und Kräuter darüberstreuen. Mozzarellaersatz darauflegen und Pizza 12 Minuten backen.

Vor dem Servieren mit Rucola garnieren und mit etwas Olivenöl beträufeln.

Beim Belag können Sie natürlich nach Belieben variieren.

Das Urgetreide Kamut wurde im Gegensatz zu
Weizen nicht verzüchtet. Es hat 20-40 % mehr Protein
als Weizen und liefert länger Energie. Der höhere Preis
beim Einkauf zahlt sich also energetisch aus.

Kamutnudeln mit Rote-Bete-Tempeh-Bolognese

Zutaten:

- 200 g Lupinentempeh
- 2 Zwiebeln
- 2 EL Rapskernöl
- 2 mittelgroße Rote Bete
- 400 g passierte Tomaten
- 1 EL Shiro-Miso (helles Reis-Miso)
- 1 EL italienische Kräuter (Basilikum, Oregano, Thymian, Majoran)
- 200 g Kamutnudeln
- 2 EL Olivenöl

Den Lupinentempeh in kleine Stücke bröseln. Zwiebeln grob hacken. In einer Pfanne Rapskernöl erhitzen, Tempeh und Zwiebeln bei mittlerer Hitze darin schmoren, bis alles eine schöne Färbung angenommen hat.

Rote Bete schälen und in große Würfel schneiden und in einem Topf mit wenig Salzwasser weichköcheln. Anschließend pürieren und die passierten Tomaten zugeben, auf kleiner Flamme weiterköcheln und mit Kräutern und Miso würzen.

Nudeln ca. 8 Minuten in Salzwasser kochen. Die Rote Bete zum Tempeh geben und alles etwas durchziehen lassen.

Nudeln und Soße auf dem Teller anrichten und mit Olivenöl beträufeln.

Spaghetti mit Linsenbolognese

ZUTATEN:

- 100 g rote Linsen
- 400 ml Gemüsebrühe
- 1 Zwiebel
- 1 Knoblauchzehe
- 2–3 Tomaten
- 2 Karotten
- 1 große Rote Bete
- 120 ml Olivenöl
- 500 g Spaghetti
- 680 g Passata
- 1 Handvoll Basilikumblätter
- Salz, Pfeffer

Die Linsen gründlich spülen. In einem Topf mit der Gemüsebrühe aufkochen lassen und 20 Minuten bei mittlerer Hitze köcheln, dann abgießen.

Zwiebel, Knoblauch, Tomaten, Karotten und Rote Bete in kleine Würfel schneiden und in 3 EL Olivenöl in einer Pfanne sanft weich schmoren.

Spaghetti nach Packungsanweisung al dente kochen.

Linsen, Passata, Salz, Pfeffer und 3 EL Olivenöl zum Gemüse geben und alles einige Minuten köcheln lassen, bis es sämig wird.

Soße über die Nudeln geben und mit Basilikumblättern und Öl garnieren.

Hanf-Lupinen-Frikadellen

Zutaten:

- 200 g Shiitake-Pilze
- 1 Zwiebel
- 1 Knoblauchzehe
- 5 EL Rapskernöl
- 100 g geschälte Hanfsamen
- 2 EL gekörnte Gemüsebrühe
- 80 g Lupinenmehl
- 1 EL Rauchsalz
- 1 EL edelsüßes Paprikapulver
- Pfeffer nach Geschmack
- 4 EL Paniermehl

Pilze, Zwiebel und Knoblauch fein hacken und in 2 EL Öl anbraten, bis die Zwiebeln etwas Farbe bekommen haben. Die Hanfsamen 5 Minuten mitbraten.

Brühe in etwas Wasser auflösen und Pilze damit ablöschen, alles 5 Minuten köcheln lassen.

Lupinenmehl und Gewürze in einer Schüssel mit den Pilzen vermischen. Wenn die Masse abgekühlt ist, mit den Händen ca. 5 cm große Kugeln daraus formen und diese 1 cm dick flach drücken.

Die Frikadellen im Paniermehl wenden und in einer Pfanne im restlichen Öl goldbraun ausbacken.

Gefüllte Paprika mache ich immer, wenn Bolognese vom Vortag übrig ist. Nehmen Sie also, was noch in Ihrem Kühlschrank steht, oder diese leckere Bolo aus Lupinenschrot.

Gefüllte Paprika

ZUTATEN:

für die Bolognese

- 150 g Lupinenschrot
- 250 ml Gemüsebrühe
- 2 Zwiebeln
- 2 Knoblauchzehen
- 2 Karotten
- ½ Knollensellerie
- 100 ml Olivenöl
- 680 g Passata
- 1 TL Kreuzkümmel
- 1 TL Petersilie
- 1 Prise schwarzer Pfeffer
- 1 EL edelsüßes Paprikapulver
- ½ EL Kurkuma
- 1 TL Piment
- Salz oder Ume-Paste

außerdem

- 4 Paprika

Für die Bolognese Lupinenschrot in der Gemüsebrühe aufkochen lassen, 5 Minuten köcheln, dann den Herd ausschalten und das Schrot weitere 10 Minuten bei geschlossenem Deckel quellen lassen.

Zwiebeln, Knoblauch, Karotten und Sellerie sehr fein würfeln und in einer Pfanne in 2 EL Öl bei mittlerer Hitze 20 Minuten schmoren. Passata in einem Topf erwärmen und die Gewürze zugeben. Gemüse und Lupinenschrot unterrühren und alles mit Olivenöl und Salz oder Ume-Paste abschmecken.

Backofen auf 160° Celsius vorheizen. Paprika waschen, den Deckel horizontal abschneiden und Kerne herausnehmen. Bolognese in die Schoten füllen und diese 25 Minuten backen.

Chili sin Carne

Zutaten:

- 150 g feine Sojaschnetzel
- 1 Zwiebel
- 1 Knoblauchzehe
- 1 Dose (250 g) geschälte Tomaten
- 100 ml Olivenöl
- 3 EL edelsüßes Paprikapulver
- 100 ml Rotwein
- 1 EL Kakao
- Chili nach Geschmack
- 2 Paprika
- 1 Dose (250 g) Kidneybohnen
- 1 Dose (250 g) Mais
- Apfeldicksaft
- Salz, Pfeffer

Schnetzel in etwas Wasser einlegen. Zwiebel und Knoblauch hacken. Tomaten grob zerkleinern. Zwiebeln in einer Pfanne in 3 EL Öl anschwitzen, dann Schnetzel hinzugeben und kräftig anbraten. Knoblauch untermischen und alles mit den Tomaten und dem Tomatensaft aus der Dose ablöschen. Mit Paprikapulver, Kakao, Rotwein, Salz, Pfeffer und natürlich Chili würzen.

Bei kleiner bis mittlerer Hitze 30–40 Minuten köcheln lassen.

Paprika grob würfeln. Kidneybohnen, Mais und Paprika zum Chili geben und alles nochmals 10 Minuten köcheln lassen. Restliches Olivenöl unterrühren und mit Apfeldicksaft abschmecken.

Dazu passt Baguette oder Reis.

Mexikanischer Bohneneintopf

Zutaten:

- 375 g feine Sojaschnetzel
- 300 g Zwiebeln
- 1 EL Rapskernöl
- 70 g Tomatenmark
- 1 Dose (300 g) Mais
- 2 Dosen (500 g) Kidneybohnen
- 500 ml Gemüsebrühe
- 2 Knoblauchzehen
- 1 TL Thymian
- 100 ml Olivenöl
- ½ TL Cayennepfeffer
- Salz, Pfeffer

Sojaschnetzel in etwas Wasser einweichen. Zwiebeln würfeln. Rapskernöl in einem Topf erhitzen, Zwiebeln darin hell andünsten. Die Schnetzel dazugeben, anbraten und mit Salz und Pfeffer würzen. Tomatenmark, Mais und Bohnen hinzufügen und mit der Brühe aufgießen.

30 Minuten köcheln lassen. Knoblauch hacken. Eintopf mit Thymian, Knoblauch und Cayennepfeffer abschmecken. Am Ende das Olivenöl dazugeben.

Dazu passen Tortilla-Wraps.

Lasagne

Zutaten:

Für die Bolognese

- 150 g feine Sojaschnetzel
- 3 EL Sesamöl
- 2 Zwiebeln
- 2 Knoblauchzehen
- ½ Hokkaidokürbis
- 680 g Passata
- 2 TL Oregano
- 1 TL Basilikum
- 1 TL Thymian
- ½ TL Salbei
- 2 EL edelsüßes Paprikapulver
- 1 TL Pfeffer
- 100 ml Rotwein (optional)
- 1 EL Salz oder Ume-Paste
- ½ EL Apfeldicksaft
- 1 Schuss Olivenöl

für die Bechamelsoße

- 50 g Lupinenmehl
- ½ TL Muskat
- 1 TL Salz
- 1 Schuss Soja-Cuisine

außerdem

- 6–12 Lasagneplatten
- Öl zum Ausfetten der Form

Das Wichtigste vorab: Eine gute vegane Bolognese braucht viel Zeit. Am besten bereiten Sie sie einen Tag vorher zu, damit sie über Nacht durchziehen kann.

Für die Bolognese Sojaschnetzel 10 Minuten in etwas Wasser einweichen. Zwiebeln und Knoblauch hacken und in 1 EL heißem Sesamöl anbraten.

Kürbis waschen, vierteln und von den Kernen befreien (bei Bioqualität können Sie die Schale dranlassen), anschließend klein schneiden. Schnetzel und Kürbis in einer großen Pfanne in 3 EL Sesamöl kräftig anbraten. Mit Passata auffüllen und Kräuter, Paprikapulver und Pfeffer untermischen.

»

»

Mindestens 30 Minuten köcheln lassen. Wird die Bolognese zu trocken, mit Passata oder Rotwein aufgießen. Dieser Vorgang des Reduzierens kann einige Male wiederholt werden, der Geschmack wird dabei immer intensiver.

Schließlich Zwiebeln und Knoblauch unterrühren und alles mit Salz und Apfeldicksaft abschmecken und Olivenöl unterrühren.

Für die Bechamelsoße Mehl mit 30 ml Wasser glatt rühren und mit den Gewürzen und Soja-Cuisine vermengen.

Backofen auf 200° Celsius vorheizen. Die Bolognese ca. 2 cm hoch in eine gefettete Auflaufform geben und mit einer Schicht Lasagneplatten bedecken. Danach eine zweite Schicht Bolognese hineingeben und wieder mit Lasagneplatten bedecken. (Je nach Größe der Form können Sie auch noch mehr Schichten auf diese Weise einfüllen.)

Am Ende die Lasagne mit einer Schicht Bechamelsoße bedecken und 50 Minuten backen.

Seitangulasch mit Bratensoße

Zutaten:

für die Soße

- 2 Kombualgen
- 1 Karotte
- 1 rote Zwiebel
- 1 EL Rapskernöl
- 2 Lorbeerblätter
- 1 Thymianzweig
- 3 Stück Kuzu (pflanzliches Bindemittel)
- 2 EL Shoyu
- 20 ml Rotwein
- Salz, Pfeffer
- 1 EL Apfeldicksaft

für das Gulasch

- 1 Zwiebel
- 1 Knoblauchzehe
- 1 Glas (350 g) große Seitanwürfel
- 4 EL Sesamöl

Die dunkle Bratensoße ist etwas aufwendiger. Natürlich finden Sie auch fertige vegane Soßen im Bioladen. Aber diese delikate Bratensoße können Sie nirgends kaufen!

Für die Soße Algen 20 Minuten in 200 ml Wasser einweichen.

Karotte und Zwiebel fein würfeln und in einer Pfanne mit Rapskernöl anbraten. Lorbeerblätter und Thymian dazugeben. Durch langsames Schmoren entstehen mehr Röstaromen.

»

»

Kuzu in einem Topf mit 100 ml Wasser verrühren und aufkochen lassen, bis es sich aufgelöst hat. Zum geschmorten Gemüse geben und alles mit Salz, Pfeffer, Shoyu und Rotwein würzen. Auf kleiner Flamme 20 Minuten weiterköcheln lassen. Soße pürieren und mit Apfeldicksaft abschmecken.

Für das Gulasch Zwiebel und Knoblauch klein hacken. Seitan, Zwiebeln und Knoblauch in einer Pfanne kräftig in Sesamöl anbraten.

Gulasch mit der Soße übergießen und servieren.

Wenn Sie es sahniger mögen, können Sie noch etwas Soja- oder Reis-Cuisine zur Soße geben.

Als Bratenvariante schmoren Sie den Seitan zusammen mit der dunklen Soße in einem Bräter oder einer Auflaufform für 1 ½ Stunden bei 120° Celsius im Backofen.

Linseneintopf

Zutaten:

- 300 g Berglinsen
- 2 Zwiebeln
- ½ Knollensellerie
- 3 Karotten
- 200 ml Olivenöl
- 4 Seitanwürstchen
- 1 l Gemüsebrühe
- Salz, Pfeffer
- 1 Prise Zucker
- 2 EL Genmai-Su (Reisessig)
- 2 EL Petersilie
- 2 Stangen Frühlingszwiebeln
- 4 TL Senf

Berglinsen kalt abspülen und abtropfen lassen. In einem großen Topf nach Packungsanweisung garen.

Zwiebeln klein würfeln. Sellerie in Würfel, Karotten in Scheiben schneiden. Etwas Öl in einem Topf erhitzen und die Zwiebeln darin anbraten. Gemüse dazugeben und kurz mitschmoren. Würstchen in Scheiben schneiden. Gemüsebrühe, Würstchen und Gemüse zu den Linsen geben und 15 Minuten mitkochen. Eintopf mit Salz, Pfeffer, Zucker und Genmai-Su abschmecken. Restliches Olivenöl unterrühren.

Petersilie und Frühlingszwiebeln hacken und Eintopf damit bestreuen. Mit Senf servieren.

Der saure Geschmack findet in unseren Breitengraden nicht allzu oft Anwendung, er stimuliert aber das Leber-Chi und sollte daher regelmäßig genossen werden. Tamarinde ist eine Frucht mit vielen Antioxidantien und natürlichem Vitamin C, die blutreinigend wirkt und besonderes gut für die Haut ist. Asafoetida, auch Teufelsdreck genannt, macht Hülsenfrüchte leichter verdaulich. Sie ist etwas gewöhnungsbedürftig, aber wenn man erst mal auf den Geschmack gekommen ist …

Saure Linsen – Khatti-Dhal

Zutaten:

- 300 g gelbe Linsen
- ½ TL Kurkuma
- 1 EL Tamarindenmark
- 1 EL Ume-Paste
- 2 EL Sesamöl
- 1 TL Kreuzkümmelsamen
- 1 TL Asafoetida
- 1 getrocknete Chili
- 3 Knoblauchzehen
- 60 ml Olivenöl

Linsen, Kurkuma und 600 ml Wasser in einem Topf aufkochen. Die Hitze reduzieren und Linsen halb zugedeckt ca. 30 Minuten köcheln lassen, bis sie weich sind. Falls nötig, Wasser nachgießen. Tamarindenmark und Ume-Paste hinzugeben und einige Minuten weitergaren. Topf vom Herd nehmen.

Sesamöl in einer Pfanne erhitzen. Kreuzkümmel und Asafoetida darin rösten, bis der Kreuzkümmel dunkel wird. Chili halbieren, Knoblauch hacken und beides in die Pfanne geben. Bei schwacher Hitze goldbraun anbraten und zügig über das Dhal geben. Alles mit Olivenöl verrühren.

Rote Linsen »Thai-Style«

Zutaten:

- 1 Zwiebel
- 1 Knoblauchzehe
- 1 EL Ingwer
- 100 ml Olivenöl
- 1 EL rote Currypaste
- 1 Karotte
- 200 g rote Linsen
- Korianderblätter nach Geschmack
- 1 Dose (400 g) gewürfelte Tomaten
- 1 EL gekörnte Gemüsebrühe
- 1 TL Paprikapulver
- 1 EL Zitronensaft
- ½ EL Ume-Paste

Zwiebel hacken, Knoblauch und Ingwer schälen und in dünne Scheiben schneiden. In einem Topf 1 EL Olivenöl sanft erhitzen und Zwiebeln, Knoblauch und Ingwer darin weich dünsten. Currypaste zugeben und kurz mitbraten.

Karotte schälen und grob raspeln. Die Linsen in einem Sieb waschen. Koriander hacken. Karotte, Linsen, Tomaten, 700 ml Wasser, Gemüsebrühe und Paprikapulver in den Topf geben. Alles 10 Minuten kochen lassen, bis die Linsen weich sind. Mit Zitronensaft abschmecken, Ume-Paste und restliches Olivenöl unterrühren und alles mit Koriandergrün bestreuen.

Azukibohnen werden in der asiatischen Küche eingesetzt, um die Nieren zu stärken.

Das Rezept für Kimchi finden Sie in meinem Buch »Fermentation und Probiotika«.

Azukibohnen-eintopf

Ein einfaches Rezept aus der makrobiotischen Küche, aufgepeppt mit Gewürzen und Öl.

Zutaten:

- ½ Hokkaido-Kürbis
- 250 g Azukibohnen
- 1 Kombualge
- 2–3 Lorbeerblätter
- ½ TL Chiliflocken
- ½ daumengroßes Stück Ingwer
- 1 EL Gomasio
- 1 EL Ume-Paste
- 1 Schuss Shoyu
- 2 Zweige Petersilie
- 100 ml Olivenöl

Kürbis in kleine Stücke schneiden. Azukibohnen mit Kürbis, Kombualge und Lorbeerblättern in den Schnellkochtopf geben und mit 300 ml Wasser aufgießen. 30 Minuten kochen, bis das Wasser fast verbraucht ist und die Bohnen weich sind. Alternativ Bohnen über Nacht einlegen und separat weich kochen, anschließend mit dem gekochten Kürbis vermengen.

Ingwer hacken. Bohnen mit Chili, Ingwer, Gomasio, Ume-Paste und Shoyu abschmecken. Petersilie hacken und mit Olivenöl zu den Bohnen geben.

Dazu passt Kimchi hervorragend.

Tofu-Kokos-Reis-Pfanne

Zutaten:

- 200 g dunkler Jasminreis
- 1–2 EL Ume Su
- 400 g Tofu
- 1 EL Kokosfett
- 215 g Erbsen aus dem Glas
- 400 ml Kokosmilch
- 3 EL Gewürzmischung Minz-Curry (Koriandersamen, Kurkuma, Minze, Kreuzkümmel, Korianderblätter, Pfeffer, Anis)
- 2 EL Shoyu

Den Reis nach Packungsangabe kochen. Dabei dem Wasser Ume Su beifügen.

Tofu in kleine Würfel schneiden. Kokosfett in einer Pfanne erhitzen und den Tofu darin von allen Seiten anbraten. Gekochten Reis und Erbsen dazugeben, mit Kokosmilch und Minz-Curry vermengen und ein paar Minuten durchziehen lassen. Mit Shoyu und Ume Su abschmecken.

Weiße Bohnen

Zutaten:

- 500 g weiße Bohnen
- 680 g Passata
- 2 EL Shoyu
- 1 TL Thymian
- 1–4 TL rote Currypaste
- 150 ml Olivenöl

Bohnen über Nacht einweichen und in reichlich Wasser gar kochen. Im Schnellkochtopf geht's auch ohne Einweichen.

Passata, Shoyu und Thymian mit den Bohnen vermischen und ein paar Minuten köcheln lassen. Mit Currypaste je nach gewünschter Schärfe abschmecken und Öl unterrühren.

Schwarze-Bohnen-Eintopf

Zutaten:

- 400 g schwarze Bohnen
- 1 Kombualge
- 200 ml Olivenöl
- 2 EL geräuchertes Paprikapulver
- 1 EL Kurkuma
- 1 EL Ume-Paste
- ½ EL Bockshornklee
- 1 Schuss Shoyu
- 1 Schuss Apfeldicksaft
- etwas Zimt
- etwas weißer Pfeffer

Die Bohnen über Nacht einweichen und in reichlich Wasser zusammen mit der Kombualge gar kochen. Im Schnellkochtopf geht's auch ohne Einweichen.

Alge herausnehmen, klein schneiden und mit allen weiteren Zutaten wieder zu den Bohnen geben.

Dazu passt ein Apfel-Zwiebel-Chutney.

Toskanische Bohnenpfanne

ZUTATEN:

- 500 g bunte Riesenbohnen
- 2–3 Zwiebeln
- 4 Knoblauchzehen
- 100 ml Olivenöl
- 680 g Passata
- 1 Handvoll Cherrytomaten
- 15 g italienische Kräutermischung (Basilikum, Oregano, Thymian, Majoran)
- Salz, Pfeffer
- ½ Bund Basilikum
- 8 Salbeiblätter
- 1 EL Ume-Paste
- ½ EL dunkles Reis-Miso
- 1 Spritzer Apfeldicksaft
- 2 EL glatte Petersilie

Bohnen über Nacht einweichen und in reichlich Wasser gar kochen. Im Schnellkochtopf geht's auch ohne Einweichen.

Zwiebeln und Knoblauch hacken und in einer Pfanne mit 2 EL Olivenöl anschmoren. Die gekochten Bohnen hinzugeben und mit Passata, Tomaten, italienischen Kräutern, Salz und Pfeffer vermengen. 20 Minuten auf kleiner Flamme köcheln lassen.

Von Basilikum und Salbei einige Blätter zum Dekorieren beiseitelegen, den Rest sowie Petersilie hacken. Kräuter, Ume-Paste, Miso, restliches Olivenöl und Apfeldicksaft unter die Bohnen mischen. Mit Basilikum und Salbei garnieren.

Karibische Tofupfanne

ZUTATEN:

- 5–6 Zwiebeln
- 2 Stangen Zitronengras
- 1 daumengroßes Stück Ingwer
- 400 g Tofu
- 8 EL Sesamöl
- 2 Paprika
- 400 ml Kokosmilch
- 200 ml Soja-Cuisine
- 3 EL karibische Gewürzmischung
- 2–3 EL Shoyu
- 1 EL Ume Su
- 1–2 EL Apfeldicksaft

Zwiebeln, Zitronengras und Ingwer hacken und langsam in einer Pfanne in 4 EL Sesamöl schmoren. Sobald die Zwiebeln glasig sind, aus der Pfanne nehmen und in einen Topf geben.

Tofu in Stücke schneiden und in der Pfanne in 2 EL Sesamöl kross anbraten. Zu den Zwiebeln geben. Paprika in Streifen schneiden und in der Pfanne in 2 EL Sesamöl kräftig anbraten. Zusammen mit Kokosmilch und Soja-Cuisine in den Topf geben und alles 10 Minuten köcheln lassen.

Gewürzmischung einrühren und alles mit Shoyu, Ume Su und Apfeldicksaft abschmecken.

Dies ist ein herrlicher Eintopf für laue Sommerabende, bei dem die Sonne auch im Inneren scheint.

Südafrikanischer Eintopf

Zutaten:

- 250 g Kichererbsen
- 2 Tomaten
- 1 große Süßkartoffel
- 3 Zwiebeln
- 1 Knoblauchzehe
- 200 ml Passata
- 1 Handvoll getrocknete Aprikosen
- 1 TL Thymian
- ½ TL Piment
- 1 EL Paprikapulver
- 1 EL Kurkuma
- 1 TL ganze Koriandersamen
- 1 EL Ume-Paste
- ½ TL Chili
- 2 EL Apfeldicksaft
- 1 EL Natursalz
- 60 ml Olivenöl

Kichererbsen über Nacht einweichen und in reichlich Wasser gar kochen. Im Schnellkochtopf geht's auch ohne Einweichen.

Tomaten würfeln, Süßkartoffeln schälen und in mundgerechte Stücke schneiden. Zwiebeln und Knoblauch hacken und mit den Süßkartoffeln in einem Topf in 1 EL Öl anschmoren.

Sobald die Zwiebeln glänzen und die Süßkartoffeln etwas weich geworden sind, Tomaten und Passata dazugeben und alles zugedeckt weiter köcheln lassen.

Aprikosen klein schneiden und nach ca. 10 Minuten hinzugeben. Alles 5 Minuten weiterköcheln lassen. Thymian zupfen. Eintopf mit Thymian, Piment, Paprikapulver, Kurkuma, Koriander, Ume-Paste und Chili würzen. Die Kichererbsen dazugeben und alles mit Apfeldicksaft und Salz abschmecken. Restliches Olivenöl unterrühren.

Kamutschmarrn

Der Kaiserschmarrn zählt zu den bekanntesten süßen Gerichten der österreichischen Küche. Eine deftige Mehlspeise, die es in sich hat. Ich habe das Ganze mal ein bisschen überarbeitet …

Zutaten:

- 130 g Kamutmehl
- 250 ml Dinkeldrink
- 100 ml Dinkelsirup (alternativ Reissirup)
- 1–2 EL Birnendicksaft
- 1 Prise Salz
- 4 EL veganer Eiersatz
- 1 EL brauner Zucker
- 1 Apfel
- 50 g vegane Margarine
- 50 g Rosinen

Kamutmehl mit Dinkeldrink, Dinkelsirup, Birnendicksaft und Salz mit einem Schneebesen glatt rühren. Den aufgelösten Eiersatz mit dem Zucker verrühren und unter den Teig heben.

Backofen auf 200° Celsius vorheizen. Apfel in mundgerechte Stücke schneiden. Die Margarine in einer Auflaufform erhitzen und Masse in diese einfüllen, Rosinen und/oder Äpfel dazugeben. 15 Minuten backen, danach in Viertel teilen, wenden und 10 Minuten fertig backen, bis der Schmarrn goldgelb ist.

Mit zwei Gabeln in Stückchen reißen und mit Pflaumenkompott oder Schlagcreme genießen.

Dieser Kuchen ist eine komplette Mahlzeit: Kohlenhydrate, Eiweiß und Fett, alles dabei.

Kürbiskäsekuchen

Zutaten:

für den Boden

- 450 g Tsampa
- 150 g Hanfmehl
- 300 g Reissirup
- 150 ml Maiskeimöl

für die Creme

- 1 kg Hokkaidokürbis
- 500 g Tofu
- 1 EL Ume-Paste
- 200 g Reissirup
- 100 g Mandelmus
- 100 g Zitronat
- 100 g Orangeat
- 3 EL Apfeldicksaft
- 1 EL Tahin
- 1 TL Zimt
- ½ TL Kardamom
- ½ TL Vanillepulver

Für den Boden Backofen auf 160° Celsius vorheizen. Alle Zutaten miteinander verkneten, bis eine homogene Masse entsteht. Wird der Teig zu trocken, noch Öl und Reissirup hinzugeben. Teig zu einem dünnen Boden ausrollen und in einer Springform 15 Minuten backen.

Für die Creme Kürbis und Tofu klein schneiden und beides zusammen 15 Minuten dämpfen. Abkühlen lassen und mit Ume-Paste pürieren. Die restlichen Zutaten unterrühren.

Creme auf den Boden streichen und den Kuchen kalt stellen.

Hanf-Cashew-Walnuss-Eiscreme

Zutaten:

- 70 g Walnusskerne
- 200 g Cashewmus
- 400 ml Hanfdrink (alternativ Buchweizen- oder Reismilch)
- 200 ml Reissirup
- 2 EL Walnussöl
- 1 EL Vanilleextrakt

Walnüsse klein hacken. Cashewmus mit Hanfdrink, Reissirup, Walnussöl und Vanilleextrakt im Mixer verrühren. 50 g Walnüsse unterrühren und alles in die Eismaschine geben oder im Gefrierfach gefrieren lassen. Mit übrigen Walnüssen dekorieren.

Laddu

Laddu ist ein lecker-süßer Eiweißsnack, der in Indien gern als Dessert gegessen wird.

Zutaten:

- 3 EL Mandelsplitter
- 3 EL Kokosraspel
- 150 g Sojamargarine
- 150–200 g Reissirup
- 2 TL Kardamom
- 200 g geröstetes Kichererbsenmehl
- 1 TL Zimt
- 1 TL schwarzer Pfeffer
- 50 ml Mandel- oder Nussöl

Mandelsplitter und Kokosraspel in der Pfanne trocken anrösten, bis sie leicht bräunen, und beiseitestellen.

Margarine in der Pfanne zerlassen, Reissirup und Kardamom hinzugeben. Mehl, Gewürze sowie die Raspeln und Mandeln damit vermengen.

Öl einarbeiten und die Masse 2–3 cm dick ausstreichen. Rechtecke daraus schneiden und mit einigen Mandelsplittern garnieren oder Kugeln formen und in Kokosraspeln wälzen.

Azuki au Chocolat

Zutaten:

- 150 g Azukibohnen
- 90 g Reissirup
- 30 ml Mandelöl (alternativ Maiskeim- oder Haselnussöl)
- 3 EL Mandelmus (alternativ Nussmus Ihrer Wahl)
- 2 EL Kakaopulver
- 1 EL Kokosblütenzucker
- 1 TL Zimt
- 6 getrocknete Aprikosen

Sicher, diese Mousse schmeckt anders als der Milch-Zucker-Brei, den wir im Geschmacksgedächtnis abgespeichert haben. Dafür ist sie eine süße Mahlzeit, die Sie ohne schlechtes Gewissen genießen können.

Bohnen über Nacht einweichen und in reichlich Wasser gar kochen. Im Schnellkochtopf geht's auch ohne Einweichen. Mit allen anderen Zutaten pürieren und die Mousse einige Stunden kalt stellen.

Mit einem Tupfen Schlagcreme servieren.

Über den Autor

Michael Dietz ist Koch und erfahrener Food-Coach. Er gibt europaweit Ernährungsseminare, bei denen er die Chi-Küche Interessierten nahebringt. Sein Wissen erwarb er von verschiedenen Lehrern der TCM und ganzheitlicher Heilmethoden. Er ist Schüler des international anerkannten Gesundheitsreferenten und Lehrers der 5-Elemente-Küche Jörg Krebber.

Weitere Informationen auf: www.kio-food.de

Die Chi-Küche
Energetisch kochen und leben
168 Seiten | ISBN 978-3-8434-1200-1

In der 5-Elemente-Lehre finden wir das traditionelle Wissen um die Lebensenergie – das Chi. Es fließt, wenn die Elemente, das Yin und das Yang in unserem Körper im Gleichgewicht sind. Richten wir unseren Speiseplan darauf aus, entspricht er dem biologischen Programm, das seit Urzeiten in unseren Zellen abläuft. Die Folge sind optimale Vitalität, Ausgeglichenheit und Wohlgefühl.

Koch und Coach Michael Dietz verrät Ihnen, wie dieses energetische Verständnis von Essen heute umgesetzt werden kann. Dabei räumt er auch mit vielen Missverständnissen über Säuren und Basen – die Entsprechung von Yin und Yang in der Nahrung – auf.

Fermentation und Probiotika
Selbst milchsauer einlegen: haltbar, lecker, gesund
128 Seiten | ISBN 978-3-8434-1219-3

Die Krautfass-Renaissance! Noch vor hundert Jahren hatte fast jeder Gärtöpfe im Keller stehen, um Nahrungsmittel darin zu fermentieren. Diese traditionelle und gesunde Konservierungs- und Zubereitungsmethode geriet jedoch weitgehend in Vergessenheit.

Ein Verlust, denn die probiotischen, also mit lebenden Milchsäurebakterien versetzten Lebensmittel behalten monatelang nahezu alle Vitamine und Enzyme, sind bekömmlicher und unterstützen die Darmflora und damit das Immunsystem. Bei Sauerkraut, Kimchi, Pickles & Co haben wertvolle Bakterien ihr Werk getan und gute Rohprodukte in noch bessere Lebensmittel verwandelt.

Bildnachweis

Bilder von der Bilddatenbank Shutterstock.com:

Layoutelemente:
Linien: # 64922446 (© Kerstin Schoene)
Rezept-Zettel: # 438210181 (© AVS-Images)
Hintergrund: # 469604879 (© STILLFX)

S. 3, 5, 7 , 10, 14, 16, 21, 22, 24, 29, 30, 33, 35, 47, 57, 61, 63, 65, 67, 73, 77, 83, 89, 91, 93, 101, 105, 109, 111, 117: # 364497818(© Maria Lozovska), S. 7: # 569863174 (© Panda Vector), S. 7, 29: # 313197692(© RedlineVector), S. 7, 16: # 526406446 (© Elegant Solution), S. 10, 29, 30: # 562682341 (© Mironova Iuliia), S. 10, 33, 61, 105: # 612729320 (© Olly Molly), S. 10, 16: # 479180491 (© Macrovector), S. 12: # 573814381 (© vichie81), S. 17: # 535824577 (© Nmaneer), S. 20: # 59013895 (© Michael C. Gray), S. 22: # 618029861 (© Gaidamashchuk), # 114723298 (© GO BANANAS DESIGN STUDIO), S. 27: # 446048185 (© ChiccoDodiFC), S. 33, 35: # 537156436 (© i_sedano), S. 33: # 530671342(© Shpak Anton), S. 38: # 403639519 (© Elena Schweitzer), S. 39: # 326615732 (© Jiri Hera), S. 40: # 146727302 (© Vincenzo De Bernardo), S. 41: # 279310304 (© Ksenija Ok), S. 42: # 393596866 (© burlakova_anna), S. 43: # 288608255 (© Elena Schweitzer), S. 45: # 359544017 (© mama_mia), S. 45: # 214377661 (© Mona Makela), S. 46: # 305618039 (© Forest Run), S. 49: # 677379790(© Epine), S. 51: # 401907121(© mamita), S. 101, 117: # 474716131(© VectorShow)

Rezeptfotos:
Simone Fleck, Schirner Verlag
Fotolocation: Seminarhaus Sampurna, Schlangenbad
S. 72: # 598910894 (© Erika Ghanny), www.shutterstock.com